Miriam Falkenberg
Nenn mir ein anderes Wort für zart
Gedichte

Impressum

Texte: © 2021 Miriam Falkenberg
Umschlaggestaltung: © 2021 Lisa Tiebel-Falkenberg

Verantwortlich
für den Inhalt: Miriam Falkenberg
Brehmstr.8
81543 München
info@gedichte-falkenberg.de

Druck: epubli – ein Service der Neopubli GmbH, Berlin

Miriam Falkenberg

Nenn mir ein anderes Wort für zart

Gedichte, die mit dem Stift der Liebe
geschrieben sind

Mit Illustrationen von
Uli Winkler

Für meine junge Herzdame Frida
und für weitere Lieblingsmenschen,
die mir Muse, Inspirationsquelle, Weggefährten und
doppelter Boden sind,
für Lisa, Claudius, Gabi und Helmut.
Euch fliegt mein Herz zu.

Inhalt

1
Nenn mir ein anderes Wort für zart.
Liebe und Freundschaft 10

21 Gramm 12

Anker werfen 13

Auf die Liebe 14

Bei dir anzukommen 15

Das wird ein Fest 16

Die schönste Unterbrechung 18

Die Wolke 19

Fernwärme 20

Frag mich doch 22

Hand auf Wange 23

Herzerweiterung 24

Ich habe eine Schwäche 25

Ich sitze gut 26

Ich wär heut so gern 28

In einem Boot 29

In deinen Armen 30

Lebensfülle 32

Manche Sehnsucht 33

Manchmal weiß ich nicht 34

Mein Herz ist ein Überläufer 35

Meinen Stift habe ich angewiesen 36

Mein Herz so leer 37

Morgenblicke 38

Nenn mir ein anderes Wort für zart 40

Nicht das Ende vom Lied 42

Still zu zweit 43

Stell dir vor, all unsere Worte 44

Strandgut 46

Verwandlung 47

Weggefährten 48

Wiedersehenswürdigkeit 49

2
Freifrau.
Es geht um mich 50

Auf Daunen 52

Freifrau 54

Immerhin 55

Gedichte-Ernte 56

Male einen Engel an die Wand 58

Meine liebe Angst 59

Mir ist der Sinn ausgegangen 60

Mitten im Tag 62

Morgengrauen 63

Seeleninventur 64

Urlaub ist 66

Zufluchtsorte 67

Was mir fehlt 68

Zart besaitet 70

3
Uinglaublich.
Gedichte für Kinder 72

Babysprache 74

Du liest die Welt auf 76

Du weckst den Clown in mir 78

Dich loslassen und dich beschützen 80

Herrlich unvernünftig 81

Solche Sorgen solltet ihr haben 82

Ungeheuer Kreativ 84

Unter unserem Dach 86

Uinglaublich 88

War einmal ein Kormoran 89

Zum ersten Mal 90

4
Wundertüte.
Ein Lob auf die Schöpfung 92

Auftauchende Insel
(Auf der Nachtfähre nach Korsika) 94

Bäume im Mai 96

Farfalle 97

Geschenkter Tag 98

Letzter Tanz 99

Herbstblatt 100

Ich bin ein Gefäß 102

Ich trinke die Farben 103

Mich der Flut überlassen 104

Klatschmohn 106

Müßiggang 107

Ob der Fluss sich selber hört? 108

Ouvertüre 110

Schaumgekrönt 111

Strandgut 112

Sich versenken wie die Hummel 114

Wundertüte 115

5
Gewöhne dich nicht.
Denkanstöße und Weckrufe 116

  Corona der Schöpfung 118

  Gebrauchsanweisung für Nächte mit scharfen
  Krallen 120

  Gewöhne dich nicht... 122

  Hauptsache gesund 124

  Kindheitsdiebstahl.. 125

  Ihr seid das Antlitz.. 126

  Schwammkinder 128

  Sich hinter Wörtern verstecken.............................. 129

  Solidarität... 130

  Terror 132

  Warum dann nicht gleich 134

  Wenn erst 135

  Wurzeln 136

  Wir 136

Danksagung 140

nenn mir ein anderes Wort für zart
meine Liebste
zart klingt so hart

1
Nenn mir ein anderes Wort für zart.
Liebe und Freundschaft

21 Gramm

in diesem Brief
will ich es dir endlich schreiben
im Takt meines springenden Herzens

wenn du es liest
wird es wahr werden

weil ich mich davor fürchte
komme ich nicht zur Sache

ich schreibe drum herum
Seite für Seite

bei 20 Gramm gebe ich auf
tut mir leid
du musst du dir den Rest
selbst zusammenreimen

mit einem Ruck
füge ich sie doch rasch an
die drei unerhörten Worte

ich wiege den Brief erneut
21 Gramm

zu schwer ihn jetzt noch
zu verschicken

Anker werfen

ich falle in dich hinein
wie in eine offene Tür
dahinter
ein warmes
hell erleuchtetes Zimmer

du bist dort überall gegenwärtig
auch wenn du nicht da bist
deine Tür steht mir jederzeit offen

nachts
wenn böse Geister nach mir schnappen
Dämonen mein Dunkel vermehren
mein Herzschlag mein Vertrauen überholt

dann werfe ich einen Anker aus
in dieses Zimmer
mit aller Kraft
ziehe ich mich zu dir

ich falle in dich hinein
wie in eine offene Tür
dahinter
bin ich sicher
bei dir

Auf die Liebe

Auf die Liebe
in all ihren Daseinsformen

Auf das Leben
in all seiner widerspenstigen Schönheit

Auf die Hoffnung
in all ihren Schattierungen

Auf die Zukunft
die uns verheißen
und nicht angedroht ist

Auf uns
in all unserer Menschlichkeit

Auf uns
in all unserer Göttlichkeit

Mögen wir gesegnet sein
und ein Segen sein für Andere

Bei dir anzukommen

ich tauche in deine Anwesenheit ein
wie meine immer kalten Füße
in ein warmes Fußbad

du empfängst mich
in all meiner Freude

du umfängst mich
mit all deiner Freundlichkeit

bei dir anzukommen
ist zu Hause sein
und daheim zugleich

Das wird ein Fest

das wird ein Fest

wenn keine Vernunft, Moral, Skrupel
kein Anstand und
weitere Gesellen dieser Konsorte
mir Einhalt gebieten
wenn ich einfach einmal
bleiben kann in deinen Armen
bis ich satt bin
an Leib und Seele

das wird ein Fest

wenn ich
für den Moment nur
alle Fragen gestellt
und alles gehört habe
und alles erzählen konnte
von Adam bis Eva
und dich umfassend aufgenommen habe
mit allem
was ich verstehe und nicht verstehe
und du mich umfassend hältst
mit allem
was rund und eckig ist an mir
und die Nähe uns
in ein großes klingendes Schweigen führt
das schöner ist als alles andere davor
das wird ein Fest

wenn ich einmal bis zum Grund tauchen darf
der golden schimmert
und dann aus diesem Überfluss heraus
mit leichtem Herzen
sagen kann

„Adieu"

Die schönste Unterbrechung

die schönste Unterbrechung
das aufregendste Pausenzeichen
das glanzvollste Highlight

unterbrich mich doch
bitte
gerne
so oft du kannst

es gibt gerade
nichts Wichtigeres
als dich

das wärmste Geschenk
der zuverlässigste Wachmacher
der aufmerksamste Weichspüler

ach bitte
ruf mich an
lad mich ein
heute noch
bei dir zu sein

Die Wolke

mit dem Warten auf
ein Wiedersehen mit dir
wächst die Liste der Dinge
die ich dich unbedingt fragen
dir unbedingt erzählen möchte
eine Wolke aus Wichtigkeiten

bis wir dann ankommen
miteinander
beieinander
uns wieder vertraut werden

keine Liste steht zwischen uns
nur eine Flasche Wein und Schokolade

es reicht
mit dir allein
am gleichen Ort zu sein
mit deinen Füßen
in meinen Händen

die Wolke löst sich auf
im Hochdruckgebiet
meiner Freude

Fernwärme

wenn du weit weg bist
von mir
räumlich
zeitlich
oder geistig

dann schalte ich um
auf Fernwärme

dein zerlöcherter Pullover
den du mir einst überlassen hast
stopft das Sehnen im Bauch

deine Stimme
kleidet meine Träume aus

deine Worte
schmiegen sich
um mein Herz

deine Hand
spüre ich mich
über Stolpersteine leiten

und wenn ich möchte
kann ich alles
durch deine Augen sehen

wenn ich dir nah sein will
lasse ich meine Gedanken
zu dir fliegen

frei und leicht
wie die Wolken
die zuweilen
in deine Richtung ziehen

Fernwärme

Frag mich doch

frag mich doch
warum ich Blumen auf den Tisch gestellt habe
wie es mir in der Arbeit ergangen ist
warum ich den ganzen Tag schon singe

frag mich doch
wie der Streit mit den Nachbarn ausgegangen ist
von was ich gerade träume
warum ich so still bin

frag mich doch
wenn ich einmal nichts essen kann
von was mein neues Gedicht handelt
wofür ich dankbar bin und worauf stolz

frag mich doch
wie es mir geht

ich hätte vielleicht nicht auf alles Antworten
doch ich könnte viel leichter erzählen
denn ich wüsste
du siehst mich
du meinst mich
du willst mein Glück

ich würde mich aufmachen für dich
und vielleicht auch du dich für mich

Hand auf Wange

was für ein Tag
alles wie Faust auf Auge

zu wenig Schlaf
anstrengende Kunden
abgehetzt für kurzfristig abgesagte Termine
ein retourniertes Päckchen
ein weinerliches Kind
zu unguter Letzt
die Spülmaschine kaputt

aber dann
stehst du vor der Tür

und unverhofft
bringst du Zeit mit
Ruhe und Interesse

ein Abendessen lang
wird der Tag noch schön

wie Hand auf Wange
dass du da bist

Herzerweiterung

Diagnose „akute Herzerweiterung"
als ich dir begegnet bin

ich gehe immer reicher weg von dir
als ich komme

es ist wie anlanden
an einer Insel der Ruhe und Kraft

du bringst eine Farbe in mein Leben
an der ich mich nicht satt sehen möchte

Diagnose „chronische Herzerweiterung"
seitdem du in meinem Leben bist

„damit können Sie 100 Jahre alt werden
das ist gutartig"
würde mein Doc wohl dazu sagen
und schmunzeln
und er hätte Recht

ich fühle mich ziemlich lebendig

Ich habe eine Schwäche

ich habe eine Schwäche
für deine Stärke
für dein Rückgrat
und deine Standfestigkeit

ich habe eine Stärke
für deine Schwäche
für deine lädierten Bandscheiben
und deine müden Füße

ich wachse an dem
was du mir entgegen setzt
ich berge mich in dem
was du mir entgegen bringst

ich werde schwach
bei deinen süßen und sauren Seiten
ich werde stark
für und durch dich

Ich sitze gut

ich sitze gut
auf meiner Wut

bis ich aufstehen will
und nicht weiß
wie ich zugleich
auf ihr sitzen bleiben soll

vielleicht wär´s ja
einen Versuch wert
mit und zu ihr
zu stehen

denn aus dem
was zwischen dir und mir steht
ist sie entstanden

dann könnte ich sie
immerhin mitnehmen

wenn mein Mut
so groß geworden ist
wie meine Wut
dann nehme ich sie sogar
mit zu dir
auf eine Tasse Tee

und ganz nebenbei bitte ich dich
sie dir mal anzusehen
diese Wut

und du würdest sie
vielleicht verstehen
und am Ende
würde ich sie vermutlich
bei dir sitzen lassen
und du würdest ihr
bei nächster Gelegenheit
sanft die Türe weisen

Ich wär heut so gern

ich wär heut so gern ein Hund
dann würd ich mich
auf dem Boden wälzen
voll Übermut und Energie

ich wär heut so gern ein Vogel
dann flög ich zu dir
und würde dir
so lange was zwitschern
bis du mich reinlässt

ich wär heut so gern ein Fisch
dann müsste ich mein Element
das Wasser
nicht mehr verlassen

ich wär heut so gern ein Pfau
dann würd ich ein Rad
nach dem andern schlagen

doch da ich ein Mensch bin
schreibe ich ein Gedicht
das versucht
vom Glück zu erzählen
voller Liebe zu sein
während zugleich der Frühling kommt

In einem Boot

du gibst die Richtung
ich die Kraft

wir sind uns einig
über Kurs
und Tempo

in einem Boot sitzend
halten wir zusammen

mal du am Steuer
mal ich

lass uns
doch auch
unseren Alltag
durchpaddeln

In deinen Armen

in deinen Armen
fühle ich mich umfassend
gehalten
gelassen
gemeint

warm, rund und kraftvoll

etwas Weiches
rollt sich zusammen
in meinem Bauch

ein schöner Schwindel
breitet sich aus
in meinem Kopf
lässt Worte verfliegen
Fragen verdunsten

in deinen Armen
verlassen mich Zweifel
und alle bösen Geister

es juckt an meinen Lenden
dort wachsen mir Flügel

in deinen Armen
treibe ich Wurzeln
tief in die Erde hinein
und in den Himmel
knospe ich Kronen

ich ertrage mich
in deinen Armen
ich trage dich
in meinen Armen
für eine lange Zeit

Lebensfülle

ich bereise die Fülle
deiner Gedanken
deiner Gesten

ich fülle mich an
mit deinem Lachen
deiner Lust

ich bin voll zärtlicher Triebe
für dich

die muss ich nicht pflegen
sie wachsen von selbst

wie Samen
von Kornblumen, Löwenzahn, Weinreben
vom Wind zu fruchtbarer Erde getragen

in meinem wilden Herzen
gibt es Raum für den Reichtum
eigenwilliger Blüten

auch du kannst bei mir
aus dem Vollen schöpfen

Manche Sehnsucht

manche Sehnsucht
findet keinen Hafen

vom Unmöglichen
ernährt sie sich
dem Unwahrscheinlichen
heftet sie Flügel an
oft trägt sie eine Narrenkappe

knapp über dem Wasser
segelt sie einen Fluss entlang
wie Schwalben bei Regen
dort schnappt sie Mücken auf
im Versuch
sie zu Elefanten zu machen

manche Sehnsucht
besteht aus dem
verblasenen, blauen Fenster
welcher ein starker Wind
in einen schweren Wolkenteppich reißt

mit sehr viel Glück
findet die Sonne
ihren Weg hindurch

manche Sehnsucht
bleibt immer auf der Suche

Manchmal weiß ich nicht

manchmal
weiß ich nicht
wie ich die nächste Berührung
mit dir
erwarten soll

dann gleicht mein Körper
einem ausgetrockneten Schwamm
einer vergessenen Primel
und ich frage mich
wohin mit dieser schmerzhaften Leere
diesem staubigen Durst

dann versuche ich vorzudringen
zum Herz der Erde
suche mich zuzudecken
mich von Wind streicheln
von Sonne küssen
von Sand umarmen zu lassen

doch all das ersetzt nicht
die Wärme und Kraft
deiner Hände
all das führt mich nur
auf eine Spur hin zu dir

Mein Herz ist ein Überläufer

mein Herz ist ein Überläufer
zu dir
mein Liebster

unbeirrbar
warm und schnell
schlägt es
für dich

es schlägt sich tapfer
es schlägt sich wund

doch was sollte es
anderes tun?

dich sehen und lieben
ist eins

Meinen Stift habe ich angewiesen

meinen Stift
habe ich angewiesen
über die wirklich
drängenden Themen
zu schreiben

er tut einsichtig
und schreibt

und endet wieder bei dir

dass so ein leichter Stift
so viel stärker ist
als ich

Mein Herz so leer

es zieht

da
wo du sonst
hörst
siehst
fragst
erzählst

da
wo mich sonst
berührst

da
wo du sonst
mein doppelter Boden bist
meine Inspirationsquelle
mein Freudenfluss

da
wo du jetzt
nicht
da bist

mach jedenfalls
die Tür zu

du fehlst

Morgenblicke

noch schlaftrunken
in die Küche tappend
in Träume gehüllt
wie in einen Kokon
der mich schützt
vor dem neuen Tag
welcher mit Getöse und Getue
grau und griesgrämig
vor der Türe steht

wird es plötzlich hell um mich

dein Blick kitzelt sich
durch den Kokon
löst ihn sachte auf
bis ich nackt da stehe
und bloß
in dein warmes Strahlen
gehüllt

wir sehen uns an
wie am allerersten Morgen
vertraut
frisch
verliebt

wir malen uns gegenseitig
ein Lächeln
ins Gesicht

jetzt kann er mich abholen
dieser Tag

bleib immer so
bei mir
Geliebte

bleib
bis zu meinem Letzten

Nenn mir ein anderes Wort für zart

nenn mir ein anderes Wort
für zart
meine Liebste
zart klingt so hart

ein Wort

das deine Hand meint
wenn sie
einem Flügelschlag gleich
von warmen Winden getragen
meine Arme entlang streift
auf dem Grat
zwischen Kribbeln und Kitzeln

und das deinen Mund meint
wenn er die Stelle
in meinem Nacken findet
bei dem sich alle Haut sträubt
vor lauter Behagen

und das dein Herz meint
das mich ganz erkennt
und lässt wie ich bin
und mir barfüßig zufliegt

solch ein Wort
suche ich

deinen Namen
meine Liebste
muss es umschließen

Nicht das Ende vom Lied

auf einen tiefen
traumhaften Schlaf in der Nacht
und die belebende Dusche am Morgen
auf die dunkle Schokolade
nach dem Mittagessen
und das Aufatmen
bei einem guten Feierabendbuch

auf all das
könnte ich gerade besser verzichten
als auf deine alltägliche Abwesenheit

ich vermisse dich
hier und jetzt
und auch gestern schon dort
und vermutlich
noch morgen irgendwo

wahlweise
dass du mir abgehst
mir fehlst
mich unvollständig hinterlässt

und all das
ist noch nicht
das Ende vom Lied

Still zu zweit

schweigend nicht allein sein
sich treibend still zu zweit sein
den Lebensstrom, der – ungeteilt –
sich uns verbindend breit macht, weit
allein, zu zweit genießen

Stell dir vor, all unsere Worte

stell dir vor
all unsere Worte
hießen mit Nachnamen „Brücke"
sie wollten uns verbinden und nicht trennen
sie wollten sich
über die Abgründe spannen
an deren Rändern wir stolperten
zuweilen schon abstürzten
und uns böse verletzten

nicht, dass sie stets geschliffen wären
nicht, dass sie alle Klippen umschifften
nicht, dass sie all unsere Gedanken
auf den Punkt brächten

sie sind keine Golden Gate Bridge

aber stell dir vor
sie trügen eine friedfertige DNA in sich

sie entsprängen
einem mitfühlenden Herzen
gewillt zu verstehen
gewillt zu zeigen
wie es in ihm aussieht

wenn du dir das vorstellst
dann siehst du sicher auch
dass diese Worte nackt wären
und bloß mit Farben
unverwüstlicher Hoffnung bemalt
dass sie zur Bescheidenheit neigten
im Wissen darum
dass sie oft mehr Krücken sind
als Brücken

wenn du dir das vorstellst
könnten wir uns wieder entgegenkommen
vielleicht sogar
ein paar Schritte
gemeinsam laufen

Strandgut

lasse mich überfluten von dir
wenn du als Brandung kommst
lasse mich überschwemmen
mich mitreißen von dir
lasse mich finden

lasse mich streicheln von dir
wenn du als Ebbe kommst
lasse mich liebkosen
mich umringen von dir
lasse mich suchen

dein Strandgut bin ich
im Spiel der Gezeiten

getrieben oder gelassen
in der Sehnsucht nach dem
Meer

Verwandlung

Ein Kuckuck für deine Uhr
und Handschmeichler in deinen Taschen.
Der Stift, mit dem du schreibst
und Pralinen zum nebenher naschen.

Ein Kissen für deine Siesta,
eine Luftpumpe für deine Reifen.
Ein Klingelton für dein Handy
und Shampoos zum Einseifen.

Ein Spiegel, das wär´ nicht einfach,
doch auch das könnt´ ich versuchen.
Ich hoffe, du würdest ihn dann,
wenn er ehrlich ist, nicht verfluchen.

So würd´ ich mich durch dich
und für dich gern verwandeln.
Ich ließe auch, wenn´s sein muss,
über die Dinge mit mir verhandeln.

Nur jeden Tag im Leben
ein Stolpern über mich.
Damit du nicht vergessen kannst:
So herzlich lieb ich dich!

Weggefährten

manche Weggefährten
sind wie ein Stück Brot
das auch innen satt macht

manche
sind wie ein guter Wein
der die Zunge löst
zum Lachen bringt

manche
sind wie ein Licht
das auch im Sturm
zuverlässig leuchtet

manche
sind wie Karte und Kompass
die an ein Ziel erinnern
zu Neuland ermutigen

manche
sind wie ein Spiegel
der die richtigen Fragen
zur rechten Zeit stellt

manche Weggefährten
schickt der Himmel
manche
bleiben ein Leben lang

Wiedersehenswürdigkeit

die schönste
Wiedersehenswürdigkeit
in dieser Stadt
bist du
für mich

nichts lieber
tät ich jetzt
als meine Zeit
mit dir
zu verschwenden

meine Denk-male an dich
sind angefüllt
mit Geschichten

die wunderbarste
von ihnen
haben wir
zusammen geschrieben

ich bitte die Gemäuer
dich mir für heute
frei zu geben

ich komme wunderbar aus
mit mir
ich verstehe mich bestens

2
Freifrau.
Es geht um mich

Auf Daunen

auf Daunen
will ich sie betten
meine erschöpfte Seele

einen kühlenden Wind
eine wärmende Hand
soll sie bekommen
so wie sie es gerade braucht

ausgezogen war sie
einen Rosengarten zu finden
verfangen hat sie sich
in einem Dickicht aus Dornen

sie ist umhergeirrt
sie hat sich geirrt

aufgerissen wurde sie
an ihrer durchlässigen
hoffenden
liebenden
Haut

sie wird den Märchenwald
mit dem Luftschloss nun meiden

sie wird dort genesen
wo es Gras und Ufer gibt
grün, nass und wirklich

eines Tages
hoffe ich
wird sie sich aus den Daunen
Flügel machen
und an einen neuen Ort fliegen
an dem es ihr gut geht

Freifrau

je länger ich hier
alleine bin
desto weniger
einsam fühle ich mich

ich bin all-eins
mit allem was mich umgibt
auf Friedensfuß

ich komme wunderbar aus
mit mir
ich verstehe mich bestens

ich bin Freifrau
für neue Gedanken und Taten

Immerhin

die angeknackste Zuversicht
streckt sich bis Halbmast
die überstrapazierte Hoffnung
findet eine neue Fährte
das erschütterte Vertrauen
treibt neue Blüten

und in mein zerrissenes Herz
fällt
ein
unerhörtes
Lied

Gedichte-Ernte

im Herbst
ernte ich
meine Gedichte

so mancher harte Kern
wartet noch darauf
aus der Schale frei gelegt zu werden

so manche Floskel-Spreu
muss vom Weizen
manche Weisheit von den Binsen
getrennt werden

manches schiefe Bild
begradigt
manche glatte Metapher
aufgeraut
manches Wort gewogen
gefeilt, geprüft,
veredelt oder verworfen werden

einige Gedichte
erstrahlen bereits in Hochglanz
stehen nur noch für ihre Taufe an
darauf brennend
in die Welt entlassen zu werden

andere schleichen sich schüchtern heran
finden sich zu kurz, zu lang
zu spröde oder zu öde

Gedichte-Ernte

welch frohes und aufregendes Tun
das Konzentrat eines Jahres zu sammeln

um nichts Geringeres geht es
als um Nahrung für die kargen Zeiten

Male einen Engel an die Wand

male einen Engel an die Wand
mit kräftigen, leuchtenden Farben

er wird zur Tür
die ich gesucht habe
um auf die andere Seite
meiner Angst zu gelangen

werfe mit meiner Freude um mich
mit Händen voller Blüten
sie fliegen wie Schmetterlinge
verzaubern auch öde Wege

schneide mir eine Scheibe ab
vom Leben

es ist gerade im Angebot

Meine liebe Angst

Meine liebe Angst,
bitte sei so gut und nimm auf dem Beifahrersitz Platz.

Wenn du mir so auf dem Schoss sitzt
könntest du mir ins Steuer greifen.

Das ist gefährlich.
Lenken will immer noch ich.

Und gib mir nicht so entmutigende Fahrtipps.

Ach, am besten,
du setzt dich gleich nach hinten.
Schnall dich an und sei still.
Nur, wenn es mich wirklich schützt,
darfst du reden.

Ich nehme dich schon mit,
keine Angst,
meine liebe Angst.

Mir ist der Sinn ausgegangen

mir ist
der Sinn ausgegangen
wie sonst nur
Salz oder Butter
oder besser noch
Hefe
die die Dinge erst
groß und genießbar macht

beim Versuch der Neubeschaffung
bin ich erschlagen
von sogenannten sinnstiftenden
Angeboten und Ideen

mir steht der Sinn
nach etwas anderem

ich muss ihn mir wohl
selbst neu erschaffen

ihn noch mal von vorne denken
oder besser sogar
von hinten denken
vom Ende meines Lebens her

was hat die Kraft
mich morgens
aus dem Bett zu ziehen
und abends
zufrieden hinein sinken zu lassen
dass ich sagen kann

mir ist der Sinn
aufgegangen?

Mitten im Tag

mitten im Tag
einen Augenblick
alles stehen und liegen lassen

den Kompost
die volle Windel
das halbfertige Essen
den Putzlappen
den verblühten Strauß
Zeitung, E-Mails, Telefon
das schlafende Kind

mich unterbrechen lassen
von der Stille

Augen und Ohren
nach innen öffnen

über dem Bodensatz aus Alltag
ein köstliches Nass entdecken

so kann es schmecken
das Leben

mich satt trinken
bis hungrig das Kind erwacht

Morgengrauen

Aus dieser pechschwarzen Nacht
kann sich wahrhaftig
nur ein Grau hervorschälen.

Morgen-grauen -
was für ein Wort!

Der erste Teil der Trilogie
Morgengrauen,
Mittagshorror,
Abendwahnsinn.

Würde der Himmel heute früh
nur einen
Hauch erröten,
es wäre ein besserer
Tagesbeginn.

Morgen-rot.

Das wäre ein ermutigendes Wort.
Es lässt mich denken an
Kraft, Herzblut, Leben.

Das kann ich wahrhaftig brauchen
nach so einer pechschwarzen Nacht.

Seeleninventur

Heute wegen Seelen-Inventur geschlossen!
Jetzt geht´s ans Eingemachte, Madame.

Was ist alles da
an Gefühlen, Gedanken, Bildern?

Was fehlt?
Was gibt es mehrfach?
Was ist falsch etikettiert?
Was ist beschädigt, abgelaufen, beschmutzt,
nie angeschaut?

Ich nehme alles auf.
Die Liste wird lang.
Es sind einige Überraschungen dabei.

Auf meine Bestell-Liste schreibe ich:

Bitte Angst nur noch scheibchenweise und
Zweifel in kleinen Portionspackungen!
Dafür Mut und Liebe jetzt XXL und mit Treuepunkten!
Hoffnung als Zusatzstoff überall dazu.
Ebenso Vertrauen, aromatisiert.

Und außerdem:
Bitte ein bisschen mehr Platz lassen in den Regalen
für Erinnerungen, die gut tun.

Und etwas Leere auch
für unerwartete Lieferungen.

Alles schön sortiert?
Dann mache ich wieder auf.

Urlaub ist

Urlaub ist
Zeit zu haben
der Wäsche beim Trocknen zuzusehen
und die Seele
gleich mit baumeln zu lassen
zwischen Socken, Unterwäsche und Hemden

und zuzusehen
wie ein warm vergnügter Wind
durch sie hindurch fährt
so dass sie sich aufwirft
zu einem gewaltigen Segel
und mit diesem hinauszufahren
aufs weite Meer
unter einem
verheißungsvolltiefblauen Himmel

und sich zu wundern
wo man mit einer
erfrischt durchpusteten Seele
so überall hinkommen kann

Zufluchtsorte

Inseln finden
in diesem Meer aus Schmerz
festen Boden betreten
Friedensland
voller Aurikel, Quellen, Vogelkonzerte

Trost finden
in der Schönheit

Halt finden
in der Gegenwärtigkeit

auf meinem Felsen
erreicht mich die Brandung nicht

für ein paar Augenblicke
am Ende der Nacht
bin ich jenseits vom Schmerz

und wenn er wiederkehrt
gleißend wie die aufgehende
Sonne des Südens
will ich meine Augen abwenden
und in die Baumkronen heften
die den Himmel küssen

mein Zufluchtsort
der alles umspannt

Was mir fehlt

was mir fehle
will meine Ärztin wissen

das weiß ich genau
wohl etwas von dem
was jedem Menschen fehlt
mehr oder weniger

die einen bleiben
dennoch gesund
die anderen werden krank

es fehlt uns allen
etwas zur Ganzheit

gäbe es beispielsweise
auf Rezept
Liebhaberinnen
Natur vor der Haustüre
Pausen
freundliche Nachbarn
Sonne
Wertschätzer
Zuversicht
aufmerksame Chefinnen

die Pharmaindustrie
müsste sich warm anziehen

und was mir fehle?

nur *mein* Stück vom Himmel
das ich gerade
besonders dringend brauche

Zart besaitet

zart besaitet ist meine Seele
in diesen Tagen

alles fällt zu tief in mich hinein
reißt mir die Haut auf
lässt meine Seelensaiten
erst verstimmen
dann verstummen

die Elendsgestalten in der Innenstadt
die Bedürftigkeit meiner Schützlinge
das Unheil
das mir morgens
aus den Nachrichten entgegen springt

glücklicherweise
erreicht mich auch
die Schönheit der Sommerwiesen
das abendliche Lied der Amsel
das Lachen der Kinder

für einen langen, durstigen Moment
bleibe ich einfach liegen
in Wiesen, Lied und Lachen
lauschend und schauend
ein Labsal für meine Seele

wenn ich satt bin
kann ich die Saiten meiner Seele
neu stimmen
damit sie sich aufschwinge
zu einem neuen
kraftvollen Lied

Und das ist erst der erste Tag!
Uinglaublich, was noch kommen mag!

3
Uinglaublich.
Gedichte für Kinder

Babysprache

atmen
brüllen
brummeln
fiepen
gähnen
glucksen
grummeln
hicksen
husten
knörzen
krähen
lachen
meckern
maunzen
nießen
nuckeln
prusten
pupsen
pusten
quäken
rüsseln
schlecken
schmatzen
schnarchen
schreien
seufzen
weinen
wimmern

Hat jemand behauptet,
Babys könnten noch nicht reden?

Sie tun es ohne Punkt und Komma!

Nur sprechen können sie noch nicht.

Du liest die Welt auf

Du liest die Welt auf,
liebes Kind,
du buchstabierst dich durch's Leben!
Jedes Zeichen eine Rosine,
die du dir aus ihm herauspickst,
jeder Satz ein Fest.

Wo du auch gehst und stehst,
stolperst du über das Alphabet,
winken dir Wörter zu:
„Huhu! Lies mich!"

Und meistens tust du ihnen den Gefallen,
du kannst gar nicht anders.
Wie ein Wörterstaubsauger
verschlingst du schon ganze Zeilen.

Es ist wie damals,
als du Laufen lerntest:
Etwas Bahnbrechendes geschieht.
Wieder ein Schritt hin zu den Großen,
mitten ins Wunderland.
Verzauberung und Entzauberung
sind die zwei Seiten derselben Medaille.

Und übrigens:
Wie schreibt man Medaille?

So oder so:
Wir können dir
kein X für ein U mehr vormachen.
Weniger denn je!

Du weckst den Clown in mir

du weckst den Clown in mir

du Schmarrnbeni
Sparifankerl
Spingori

voller Lachen füllt sich der Tag
mit deiner Leichtigkeit

du weckst das Licht in mir

durch trübe Stunden siehst du
zu einer Helligkeit hindurch
die mir verborgen geblieben wäre
du bist die Lücke im bedeckten Himmel

du weckst die böse Königin in mir

wenn meine Nerven bloß liegen
zu wenig Schlaf, zu viel zu tun
und dann noch dein Widerstand
dann kriegst du etwas ab
das nicht dich meint

du weckst die Liebe in mir

und spiegelst sie mir spielend zurück
bis nach Neuseeland und sogar
bis zum Weltenende und zurück
wie du nicht müde wirst
mir zu versichern

und wenn ich Dich gemeinerweise
mit Zahlenlogik und Weltenräumen
übertrumpfe
einigen wir uns immer
auf die liegende Acht
die wir uns dann sachte
auf den Bauch malen

Dich loslassen und dich beschützen

dich loslassen
und dich beschützen
dich trösten
und mit dir Tränen lachen
mit dir aus der Zeit fallen
du meine große Lehrerin im Dasein

mit dir Wege entdecken
einen Garten aus Möglichkeiten
besiedeln und bebauen
machtfreies Spiel
ernsthaftes Teilen
stundenlang das tun
was der Mensch tun sollte
um ganz zu sein
tanzen, singen und erzählen
dich halten und lassen
im Wiegeschritt

wie sehr wir aneinander wachsen
wie sehr du meinen Blick verändert hast

wo immer du her kommst
dort gibt es die besten Ideen
für die Kunst des Lebens
eine reine Rezeptur des Glücks
möge sie dir lange erhalten bleiben

Herrlich unvernünftig

dass ich immer vernünftig sein soll
für dich
mein Kind
geht mir auf den Keks

drum gib mir doch bitte
einen von deinen ab
auch, wenn das vor dem Mittagessen
höchst unvernünftig ist

ich würde so gerne heute mal
mit dir tauschen:
Obst gegen Süßigkeiten
Hausschuhe gegen Barfußlaufen
Zähneputzen gegen Zahnpastaverkosten
Aufräumen gegen Sachen liegen lassen
Floskeln gegen gleich los Reden

zudem würd' ich gerne so wie du
Bärlauch pflücken ohne Frühling
ins Freibad gehen ohne Sommer
Drachen steigen lassen ohne Wind
Schlitten fahren ohne Schnee

nur heute
will ich auch mal
so herrlich unvernünftig sein

Solche Sorgen solltet ihr haben

solche Sorgen solltet ihr haben

ob ihr Stracciatella oder Erdbeere nehmt
im Becher oder in der Waffel

ob ihr heute mit Marie oder mit Carlos spielt

wie lange eure Lieblingsjacke noch passt
und wie ihr euch wieder vertragen könnt

wer als nächstes ins Tor geht
und wo die Puppe schläft

nicht sorgen solltet ihr euch

wie ihr euren Magen voll bekommt
und den eurer Geschwister
wie ihr Gewalt entkommt
ob ihr zur Schule gehen dürft
ob ihr zurückgeschickt werdet
in euer kriegszerstörtes Land

nicht sorgen solltet ihr euch

ob ihr geliebt werdet
wie ihr den ewigen Streit
den exzessiven Drogenkonsum
die hasserfüllte Trennung
eurer Eltern
verhindern oder ertragen könnt
ebenso wenig wie über alles andere
was euch den Boden wegzieht
unter den Füßen

eure Not
sollte nie schwerer sein
als eure schmalen Schultern tragen können

ihr solltet Kinder sein dürfen
unbeschwert
soweit es Menschen möglich
und wie es von Gott gewollt ist
von dem es heißt
er sei in den Schwachen mächtig

Ungeheuer Kreativ

Ungeheuer Kreativ
verlief sich einst im Großstadtmief.

Konnte dort nichts mehr kreieren,
kroch herum auf allen Vieren.

Die Ideen, alle futsch.
Sonst ging´s doch in einem Flutsch!

Zuviel Menge und Gerenne,
zu viel menschelndes Gedränge,

zu viel Reize, Lärm und Mief,
das war nix für Kreativ.

„Wie komm ich hier wieder fort?
Wo find ich 'nen ruhigen Ort?"

Ungeheuerliche Tränen
kullern aus dem großen Sehnen.

Das ruft „Freundlich" auf den Plan,
Ungeheuer mit Elan.

„Hallo, Kumpel, kann ich helfen,
ich bin dienstbar wie die Elfen!"

„Ach, ich such die grüne Weite,
meine schöpferische Seite

braucht 'nen kreativen Quell.
Dann erst wird es bunt und hell."

Freundlich muss nicht überlegen,
sein Haus ist auf dem Land gelegen.

Beide fliegen nun hinaus.
Gut geht die Geschichte aus!

Die Ideen sprudeln wieder,
Kreativ singt viele Lieder,

dichtet, schöpft ganz aus dem Vollen.
Ungeheuerliches Wollen.

Unter unserem Dach

unter unserem Dach
zogen zusammen mit dir
Licht und Lachen ein
strahlender und sesshafter als zuvor

unsere Welt ist
nicht mehr dieselbe
seitdem du da bist
du erschaffst täglich
einen neuen Kosmos
dort wirbelst du herum
wie im Auge des Sturms

ein Mobile ist ein Meer
eine Klopapierrolle ein Fernglas
ein Bobbycar ein Ferrari

einfach weil du lebst
lachst du
einfach weil du uns siehst
strahlst du
einfach weil du dich
nicht trennen magst
weinst du

du hältst nichts von dir zurück
du bist ganz und gar da

wenn du dich morgens
mit dir selbst unterhältst
und abends meine Hand
auf deinen Bauch legst
dann weiß ich
wie groß du bist für mich
und wie klein ich bin
vor dem Wunder deines Daseins

unter unserem Dach
riecht es immer nach dir
auch wenn du nicht da bist

Uinglaublich

Ui – schau mal hier!
Ui – schau mal da!
Uinglaublich das,
was ich grad sah!

Nen Seeadler voll Eleganz.
Nen Sturm, der auf dem Wasser tanzt.

Ne Muschel mit zehn Schnecken drauf.
Nen Kormoran beim Wasserlauf.

Ne Rotfeder in ihrem Schwarm.
Die Luft ist kühl, das Wasser warm.

Und das ist erst der erste Tag!
Uinglaublich, was noch kommen mag!

War einmal ein Kormoran

War einmal ein Kormoran
ganz verstört im Liebeswahn.

Wollte eine Liebste freien,
wollte ihr sein Leben weihen.

„Wie nur kann ich bei ihr landen?
Wie mich nassen Tropf verwandeln?

Bin ja wuschelwaschelnass!
Das macht Mädels keinen Spaß!"

Plötzlich dämmerte es ihm:
„Ich brauch was Schickes anzuziehen!

Starke Schultern auch und breite,
dann sucht die Konkurrenz das Weite!"

So hängt er seine Flügel hoch.
Und ganz genauso steht er noch.

Da wird von Weibchen er umwimmelt,
von jeder wird er angehimmelt.

Doch kaum lässt er die Flügel fallen,
will keine mehr sich recht verknallen.

So steht er da und trocknet sich
und fängt dazwischen frischen Fisch.

Zum ersten Mal

zum ersten Mal
Geburtstag haben

zum ersten Mal
an einer Rose riechen
eine Kerze auspusten
mit dem Löffel selber essen

zum ersten Mal
laufen
hinfallen
Zug fahren
Eis essen
Tauben verjagen
ausgeschimpft werden

zum ersten Mal
Zähne putzen
beim Kochen helfen
Sand in die Augen bekommen
der Puppe ein Fläschchen geben
von einem anderen Kind umarmt werden

zum ersten Mal
„Mama" sagen und „Papa"
zum ersten Mal
ohne uns sein

kannst du mir bitte heute eine
nur eine
deiner unzähligen
zum-ersten-Mal-Erfahrungen
schenken
dass ich das auch mal wieder erlebe

eine Sache zum ersten Mal

Blauer Zauber! Nektartraum!
So ins Paradiese schaun
möcht ich auch mal eines Tages,
wenn mir jemand zuruft: Wag es!

4
Wundertüte.
Ein Lob
auf die Schöpfung

Auftauchende Insel
(Auf der Nachtfähre nach Korsika)

Wir legen ein ganzes Meer zwischen
unseren Alltag und unsere Auszeit,
wir durchpflügen die letzten Untiefen,
mühelos versenken wir die Hast.

Wir gleiten einem geweiteten Horizont entgegen,
aus dem glutrot sich unsere Sonne herausschiebt,
einen ganzen Tag neuer Möglichkeiten befeuernd,
ein unbekanntes, herausragendes Stück Erde
beleuchtend.

Auf der Insel werden ganz sicher
die Bäche grüner und frischer sprudeln,
die Menschen freundlicher
und die Berge erhabener sein.
Die Gestirne der Nacht werden makelloser sein,
Perlenschnüre,
die in kosmischer Ordnung
mit Umsicht gespannt wurden,
die Milchstraße vor unseren staunenden Augen
über den Wipfeln der Kiefern.

Es wird uns ein anderer Rhythmus leiten,
eine andere Freiheit.

Unverplante, unverbrauchte Zeit wird unser Leben
bestimmen.
Nicht ihr ständiger Mangel.

Wir werden wacher und weiser bei Tage sein.
Nachts werden wir uns einem kindlichen Schlaf
und nicht der Unruhe überlassen,
wenn es still wird in uns.

Es wird eine Insel sein in unserem Alltag.
Sie wird uns beleben.

Ein paar Muscheln werden wir heimtragen.
Wir werden das Ohr an die größten pressen
und uns einreden, es sei das Meer,
das wir mit pochendem Herzen heraushören.

Bäume im Mai

frisch bespannte Saiteninstrumente
des Windes

neugeborene Freude
für unsere Sinne

rauschende, grüne Lieder
von Anfängen und Übermut

hoffnungsfroher Kehrvers
über lichtdurchbrochene Wälder
schwarze Seen
bemooste Barfußpfade
Kiefernnadelngeruch
dampfende Regenpfützen

Leichtigkeit, Fülle
und zugleich schweres Herz
da immer zu viel hineinwill
und verwandelt wieder hinaus

Bäume im Mai

so klingt mein
Anlanden im Sommer

Farfalle

ich bin euch „farfallen"
ihr lieben Schmetterlinge
die ihr im italienischen
meine Verehrung
auf Deutsch
so wunderbar
im Namen tragt

ihr seid lichtdurchflutete
windgeschüttelte
Auferstehungen
in allen Formen und Farben

Vorgeschmack
auf den unerschöpflichen Nektar
der uns lockt
auf die kleinen und großen
Verwandlungen
des Lebens

Geschenkter Tag

geschenkter Tag
ich mache blau
mache mich auf
ins aufbrechende Grün

Farben bieten sich mir an
Bilder des Jahres
neu zu mischen

Kunstwerke entschlüpfen
nachgiebigen Knospen
in einem einzigen
Sich-Ins-Leben-Drängen
überall erste Atemzüge
überall raschelt, zwitschert
brummt, sirrt und flirrt es

der Tag kleidet sich festlich

wie in einen Prunksaal
trete ich in ihn hinein
als staunender Gast
voller Komplimente
für das was er für mich
so selbstverständlich
und überbordend
bereit hält

Letzter Tanz

der Herbst lässt bitten
letzter Tanz im Goldrausch
Blatt mit Blatt

Memoiren schweben
in Leuchtschrift zu Boden
Dünger für die fröstelnde Erde

der Himmel breitet ein Märchenzelt aus

hereinspaziert alle
die Verwandlungen lieben

Herbstblatt

als Herbstblatt losgelassen werden
den alten Stamm verlassen
das geliebte Haus

schmerzlos sich lösen
willenlos die Reise antreten
farbvollendet flügge geworden
einzigartig verwandelt

als Herbstblatt über die Felder wirbeln
den durchdringenden Geruch
des Himmels aufnehmend

frei werden
weder Glück entbehrend
noch Unglück erahnend

von vertrauten Kräften getragen
vom Licht früherer Zeiten durchleuchtet

nur für den flüchtigen Augenblick
des Fliegens sein
für Schönheit und Farben

als Herbstblatt
den Winter riechen
die Kräfte langsam
dem Wind verschenkend

müde werden
immer müder
ausbleichen
und Boden gewinnen

erschöpft einsinken
mit den gezähmten Farben
in regenweiche Erde

der letzte Traum ist
anzukommen
vor Deinen Füßen
und auszuruhen
in Deiner Hand

bevor wieder das Wunder
der Verwandlung beginnt

Ich bin ein Gefäß

in dieser endlos bewegten Weite
bin ich ein Gefäß
das sich mit Freude anfüllt
mit Gischt und Licht
mit Schaumkronenkonfetti

ich bin ein Gefäß
das sich mit Schönheit anfüllt
mit tausenden Arten Sand
von Wind und Flut ausgeformt
und wieder und wieder verwandelt

ich bin ein Gefäß
das sich mit Frieden anfüllt
wenn wir uns aufspannen
in göttlicher Ordnung:
die Sonne, der Horizont und ich

ich bin zu klein
für dieses Meer aus Seligkeiten

Ich trinke die Farben

ich trinke die Farben
und esse das Licht

ich backe ein Brot
aus Momenten der Wonne

der Sommer summt mir noch
in den Ohren
der ewige Herzschlag des Meeres
das Wogen der blonden Getreidefelder

mich berauschen
aus der Mitte der Zeit

mich warmhalten
bis zum kleinen Zeh

Mich der Flut überlassen

mich der Flut überlassen
mich der Ebbe ergeben

die Gedanken in den Wind hängen

eine Zeile in den Sand schreiben
die von der nächsten Welle
gelöscht wird

nichts ist für die Ewigkeit gemacht
alles hier ist Augenblick
Schönheit
die auf Sand gebaut ist

das Meer nimmt mich auf
wie eine Wiege ein Kind

in seinem ruhigen Wellenatem
bin ich ganz in meinem Element

die Arme weit ausbreiten
wie über mir die Möwen die Flügel

mich der Flut überlassen
mich der Ebbe ergeben

die Gedanken in den Wind hängen

ich brauche das Meer
und mehr brauche ich nicht

Klatschmohn

mit Herzblut
ist diese Erde geschaffen

ein paar Tropfen davon
zwischen den Ähren im Feld
wehen sommers im Wind

der Mohn klatscht Beifall

langstielige Ovationen
für ein Meisterwerk

Müßiggang

So manchem scheint vor Müßiggang
sogar ein kleines bisschen bang.

Mal ohne Pflichten auszukommen
macht manchen Macher ganz benommen.

Doch wird der Blick dann aufgerichtet,
so wird meist Herrliches gesichtet.

Ach, so schau'n also Wolken aus!
Was war ich ein Naturbanaus!

Dann Löcher bohr'n in Luft und Nase,
genussvoll in der Urlaubsblase.

Man nimmt sich Zeit, die immer da ist,
doch sonst im Alltag stets so rar ist.

Die Muße ist der Gegenpol
zum Müssen und des Menschen Wohl.

Die Seele baumelt ohne Schnur,
ganz frei wie eine Sinnenkur.

Am Ende bleibt die bange Frage:
Bin ich zur Arbeit in der Lage?

Ob der Fluss sich selber hört?

Ob der Fluss sich selber hört?
Ob ihn Krach und Lärm wohl stört?

Ob die Gräser sind gewahr,
dass sie gleichen wildem Haar?

Ob der Biene jeder Nektar
schmeckt auf jedem Wiesenhektar?

Ob das Meer aus Jadegrün
fühlt, dass wir's mit Sehnsucht sehn?

Ob der Sand erinnert leise
sich an seine lange Reise?

Ob der Berg weiß, dass er mal
hinterließ ein weites Tal?

Ob der Baum sich mächtig freut,
wenn ein Nest in ihm verweilt?

Ob die Amsel selbst verliebt
sich berauscht an ihrem Lied?

Ob die Schnecke denkt: „Wie langsam!"
oder: „Langsamkeit ist handsam"?

Ob der Regen, wenn er fällt,
ahnt, dass Leben er erhält?

Ob die Frühjahrsblüher jubeln,
wenn sie in das Licht eintrudeln?

Ob die Wolke, wie ein Drachen,
hört, wenn über sie wir lachen?

Ob der Mensch weiß, mit Verlaub,
dass er nur ist Sternenstaub?

Ouvertüre

unter einem summenden Apfelbaum sitzen
es ist ansteckend
hier aufzublühen

hast du Töne
du schöner Morgen
betörende
bestäubende Klänge

den Bienen
beim Arbeiten zusehen

dem Gras und dem Kind
beim Wachsen

das Jahr ist noch
flaumgrün
hinter den Ohren

das ist erst die Ouvertüre
für alle Anfänge
innen und außen

Schaumgekrönt

fröhliche Brise
am Nordseestrand

die Wellen
lachen sich
kringelig

schaumgekrönt
vermischt sich
ihr Gekicher
mit dem der Kinder
die sich in ihnen fangen
jede Welle
hält das Spiel in Gang

am Spülsaum
küssen sie mir kokett die Füße
lassen mich alsbald wieder
auf dem Trockenen

ein ewiger Reigen
aus Rückzug
und Berührung

das Juchzen
das Jauchzen
der Gezeiten

Strandgut

Strandgut
spült die Flut am Ende dieses Jahres
vor unsere Füße.
Unerwartete Funde überall,
salzwasserdurchtränkt.
Nichts,
was wir üblicherweise an Land ziehen.

Ein verheddertes Netz von Beziehungen,
in das wir neue Knoten knüpfen müssen.
Viel Scharfkantiges – Vorsicht!
O je, zu spät.
Kein Wunder,
dass wir uns daran ständig aufgerissen haben.
Aber hier, herrlich glatte Steine,
Hand- und Herzschmeichler
für unsere Verletzungen.

Stricke, die uns zu Fall brachten,
Seesterne, die uns führten,
Tang, der uns grünte,
Anker, die uns erdeten.

Mir ist danach, zu ordnen.

Nur wie – nach Farben?
Formen? Lieblingsstücken?

Und überhaupt,
wohin mit all dem Strand*un*gut?
Zurück ins Meer?
Nein.

Ich lege ein Mandala
aus jedem einzelnen Stück.
Es umfasst Tod und Leben
und alles dazwischen.
Es ist so, wie es ist.

Ich staune,
wie es am Ende leuchtet.

Sich versenken wie die Hummel

sich versenken
wie die Hummel
in den gesprenkelten Blütenkelch der Lilie
das Mark des Sommers schlürfend

sich verneigen vor der Schönheit
der feinen Blätteradern
pulsierend im Gegenlicht der Abendsonne

das Herz weit offen
für diesen köstlichen
Moment

eines unvorstellbaren Tages
werden wir uns
nicht mehr die Augen bedecken
vor einem Gegenlicht
sondern vollkommen
im Licht stehen
eingehen
aufgehen
und in Liebe
verglühen

Wundertüte

Hummel über Enzian,
ganz beschwipst im Frühjahrswahn,

fällt in eine Wundertüte
feinen Pollens erster Güte.

Ihre Schwester tut´s ihr nach,
Kopf vornüber, ganz gemach.

Pollenhöschen strotzt vor Beute,
das ist nur der Anfang heute!

Wie die friedlich satten Hummeln
möcht ich auch gern blütenbummeln.

Blauer Zauber! Nektartraum!
So ins Paradiese schaun

möcht´ ich auch mal eines Tages,
wenn mir einer zuruft: Wag es!

Gewöhne dich nicht
an das Leben,
an Wunder nicht
und nicht an das Grauen.

5
Gewöhne dich nicht.
Denkanstöße
und Weckrufe

Corona der Schöpfung

Der Mensch gab sich selbst
den Ehrentitel:
Krone der Schöpfung.

Die Erde erlebt das anders.
Wir bewohnen sie nicht länger
als einen Wimpernschlag
in ihrer uralten Geschichte
und schon haben wir sie
gründlich ausgebeutet.
In die Enge getrieben
Tiere, Pflanzen und Mitmenschen.
Verschmutzt und vergiftet die Elemente.

Die Erde will uns Heimat sein.
Sie birgt genug für unsere Grundbedürfnisse
aber nicht für die Gier und Maßlosigkeit von so Vielen.
Ihre Schätze sind kostbar und begrenzt.

Corona der Schöpfung:
Das ist ein Weckruf an uns alle!

Corona trifft uns alle.
Es gibt einige Gewinner, viele Verlierer.

Manche sind erwacht,
andere versteinert, verbohrt,
fast alle versehrt,
viele vereinsamt, manche verstorben.
Der Ruf wird laut,
alles solle wieder normal sein.
Alles? Bloß nicht!

Die Erde ist krank.
Unsere Systeme sind krank.
Wir aber bemühen uns alle ständig um unsere
Gesundheit.

An Corona spalten sich die Geister.
Notwendend aber wäre ein gemeinsamer, guter Geist.

Wenn die Maskerade vorbei ist:
Was lernen wir aus dieser Lektion?

Geben wir unsere Krone ab!
Entthronen wir uns!
Mut zur Demut!
Nehmen wir sie endlich an,
die Verantwortung für den Garten Eden!

Wir haben nur dieses eine Leben
auf dieser einen Erde.
Wir sind nicht allein und
nach uns will auch noch Leben werden.

Gebrauchsanweisung für Nächte mit scharfen Krallen

manche Nächte haben scharfe Krallen

sie wittern
wo man besonders dünnhäutig ist
dort schlagen sie zu

was bei Tage ein Unwohlsein war
wird zum ausgewachsenen Schmerz

wo man einen Punkt setzte
stehen plötzlich Fragezeichen

wo ein Angsthäschen durch den Tag hoppelte
galoppiert sich ein Alptraum in Panik

wo ein kleinlauter Wunsch auf wackligen Füßen stand
durchtrampelt ein Riese des Verlangens das Schlafzimmer

manche Nächte haben scharfe Krallen
sie zerkratzen jedes eingefangene Bild des Tages

glücklicherweise
gibt es Abhilfe
wenn man den Angriff rechtzeitig erkennt:

erstens
man stellt sich einen Wächter ans Bett
zweitens
man fasst keine Beschlüsse
drittens
man holt sich etwas zum Liebhaben
unter die Decke
das einem das Herz aufschließt
für die Sonne
die immer und zuverlässig
aufgehen wird

Gewöhne dich nicht

gewöhne dich nicht
an das erste junge Grün
flaumig hervorquellend aus
Büschen und Bäumen

an den ersten Blick auf die Berge
die Stadt verlassend
den Geruch des Meeres
bevor du es siehst

gewöhne dich nicht
an die unzähligen Gesichter der Not
Verarmte, Verfolgte an Leib und Seele
auf unseren Bildschirmen
vor unseren Türen

gewöhne dich nicht
an den Missbrauch von Macht
an die Unterordnung des Menschen
an blinde Systeme
an den Diebstahl der Seelen
durch ungebremstes Wachstum
und maßlose Gier

gewöhne dich nicht
an die Augen
die Hände deiner Liebsten

an das Weinen
das Lachen deines Kindes

gewöhne dich nicht
an das Leben
an Wunder nicht
und nicht an das Grauen

sonst wird es gewöhnlich
sonst schmeckt es schal

bleib Salz
bleib wach
bleibe am Leben

Hauptsache gesund

„Hauptsache gesund"
sagt und hört man überall.

Welche Hauptsache bleibt bloß
dem Menschen,
der nicht gesund ist?

Bleibt der Wert des Lebens
den Gesunden vorbehalten?

Wird das Leben der Türe verwiesen,
obwohl es vielleicht gerade jetzt
gerne käme
uns in die Augen zu schauen und
in die Arme zu nehmen?

Gibt es etwas Wichtigeres
als gesund zu sein?

Es wäre himmlisch,
wenn jeder darauf sagen könnte:
„Ja!
Aus eigener Erfahrung:
Hauptsache geliebt."

Kindheitsdiebstahl

zu viele Kinder
die nicht bekommen
was sie bräuchten
um zu wachsen

die umgeben sind von
Kommandos und Schlägen
„du kannst ja sowieso nichts"
und „keine Zeit"
von Trennungs- und Bürgerkriegen
Drohungen und Schikanen
Überforderung und Unterforderung

Herz- und Hirnmarker
lebenslänglich eingraviert
auf der zarten Haut
von Körpern und Seelen

beim Aufbau einer heileren Welt
müsste als erstes Ziel
das Glück der Kinder
verfolgt werden
und als zweites
der Kindheitsdiebstahl

Ihr seid das Antlitz

ihr seid das Antlitz
der zerrissenen Erde
der gequälten Völker
ihr werdet
-wenn ihr Glück habt -
an unwirtliche Ufer gespült
ausgespuckt von
Konflikten, Kriegen, Katastrophen

„es herrscht ein gefährlicher Mangel
an Frieden"* in dieser Welt
der bringt so viel anderen Mangel mit sich

ihr strandet in überfüllten Lagern
Nacht für Nacht
umkreisen die Gespenster eurer Flucht
und die Gesichter der vom Meer Verschluckten
eure Betten

wir können euch nicht mehr wegzappen
nach den Nachrichten
auch wenn die Grenzen
immer höher gezogen werden

ihr umschifft die Mauern immer waghalsiger

erst werden Probleme verschleppt
dann Millionen von Menschen
getrieben von der Sehnsucht nach Frieden

ihr tragt zusätzlich zu euren wenigen Habseligkeiten
zentnerschwer an Gräueln, Entwurzelung, Trennung,
Verlust

Europa könnte der Ort sein
aus dem ihr nicht mehr flüchten müsst
er ist es oft nicht

das könnte uns doch vereinen:
der Traum von
einem neuen Antlitz der Erde
in dem Heimat Heimat bleiben kann
die man – wenn
dann nur freiwillig verlässt

und bis dahin
seid uns
Willkommen

* UN-Hochkommissar für Flüchtlinge António Guterres, 2014

Schwammkinder

Schwammkinder
saugen alles auf
was sie kriegen können

ein Lächeln
das bis zu den Augen reicht
eine Zeit nur für sie
in der sie Kind-Sein und spielen
in der sie unmöglich sein dürfen
und weiter willkommen sind

Schwammkinder
sind fast vertrocknet
wenn sie bei uns auftauchen

es gibt für sie immer zu wenig
vom Selbstverständlichen

es ist nur der berühmte Tropfen
den wir ihnen geben können

wie gerne würden wir sie
schwimmen lassen
in einem Meer

Sich hinter Wörtern verstecken

ich verstumme
inmitten verstümmelter Worte

Sprüche statt Sprache
Floskeln statt Feingeist

einwandfrei sinnentleertes Gelaber

je mehr geredet wird
ohne etwas auszusagen
desto sicherer das Versteck

Schmerz gilt als uncool
Freude fast genauso
Wut wird akzeptiert

Sic hnter örter erstecken

Solidarität

ich will eine Lanze brechen
für Dich

Enkelin der Menschlichkeit
Tochter der Gerechtigkeit
Schwester der Barmherzigkeit

ohne Dich sind wir
wie ein Haus ohne Mörtel
wie ein Boot ohne Fährmann
wir fallen auseinander
wir treiben dahin

Du bist Vielen zu unbequem

denn Du stellst Oben und Unten
in Frage

Du öffnest Türen
für die Chancenlosen

Du nimmst vom großen Ganzen
und verteilst es gerecht

Du klopfst an Herzen aus Stein
und bietest lebendige an

Ach, Solidarität
lass Dich nie klein kriegen!
Du lässt uns zusammenstehen
für Würde
Wohlergehen
Wärme
und um des Friedens willen
der mehr kann als nur lieb sein

allein für *den*
würde ich viele Lanzen brechen

Terror

auf Terror
reimt sich nur „Error"

der Wahnsinn
müsste Wahnunsinn heißen.

wie tief müssen Menschen
in Sackgassen stecken
dass sie meinen
sich da wieder herausbomben
zu müssen?

wie viele Versäumnisse
wie viel Ausgrenzung
wie viele Demütigungen
müssen zusammenkommen
dass sie bereit werden
sich zu entmenschlichen?
dass sie der Macht
unheiliger Rattenfänger
des Todes
blindlings folgen?

wo ist hier ein Neustart möglich?
von Error zu Escape?

ein Finger am Abzug
eine Hand an der Waffe
kann in Sekunden
so Vieles für immer zerstören

wer sammelt die starken Hände
und mutigen Herzen
für den Aufbau und zur Versöhnung?

Warum dann nicht gleich

auch Menschen
die ausgrenzen
sitzen mit Allen in einem Boot

auch Menschen
die so leben als müssten sie
den Tod nicht fürchten
werden eines Tages sterben

auch Menschen
die sich den Hass als Ziel wählen
werden nicht ankommen

auch Menschen
die endlos habgierig sind
werden innen nicht satt

unsere Abgründe holen uns alle ein

warum dann nicht gleich
der Seele beim Wachsen helfen?

Wenn erst

wenn erst die Arbeit bewältigt ist
wenn erst die Raten abbezahlt sind
wenn erst der neue Chef bestimmt
wenn erst der blöde Kollege geht
wenn erst die Gehaltserhöhung winkt
wenn erst der Besuch abgereist ist
wenn erst das Wetter besser wird
wenn erst die Operation gelungen ist
wenn erst die Kinder groß sind
wenn erst Urlaub ist
wenn erst Morgen ist
wenn erst Abend ist
wenn erst -
dann!!

dann hat sich das „Dann"
aus dem Staub gemacht

es hat sich umgeschaut
wo es ein „Jetzt" gibt

Wurzeln

den Entwurzelten
Unsicheren
Ängstlichen
Verarmten

Heimat sein
Halt sein
Schatz sein

das geht nur
wenn man selber Wurzeln hat
so tief
dass kein Sturm
sie ausreißen kann

Begegnungen
auf Augenhöhe

wir sind alle Menschen
keine Fälle
oder Symptomträger

es gibt keinen Abgrund
der uns nicht auch schon
angegähnt hätte

vielleicht nur
dass wir mehr Möglichkeiten
zur Verfügung hatten
ihn zu durchwandern
oder zu vermeiden

aber auch wir sind
nie gefeit zu fallen

Angst vor Niemandem
Respekt vor Jedem

leiten, mitgehen
und sich überraschen lassen

Veränderungen
beruhen auf Gegenseitigkeit
und geschehen leichter
wenn unsere Augen und Ohren
offener sind als unser Mund

Wir

Wir
Krone der Schöpfung
Wir
Wurzel der Zerstörung von Schöpfung

Wir
Ebenbild Gottes
Wir
Fratze Gottes

Wir
genialer Gedanke Gottes
Wir
zufälliger Wurf im Universum

Wir
welcher Ruf wird uns bleiben
wenn etwas von uns bleibt

Danksagung

Von Herzen Dank an meine Lektorin
Verena Rendtorff, die mit Haut und Haar in der
Sprache wohnt und ihr ihre wundervolle Stimme
verleiht.
Danke, dass du so ungeheuer sorgsam meine Worte
und Sätze auf die Goldwaage gelegt hast. Viele von
ihnen haben wir gemeinsam so lange geprüft und geschliffen, bis sie noch mehr glänzten.

Danke an Markus Hartmann für das Setzen der
Druckfassung und die Beratung.

Danke an Lisa Tiebel-Falkenberg für die Umschlag-
und Kapitelgestaltung

Danke an Bettina Poock und Helmut Gottschling für
die vielen Hinweise und Anregungen.

Danke an Sabine Schiedermair und Gerd Koch für das
Korrekturlesen.